GUIDE

DES

CANDIDATS

A L'EMPLOI DE

COMMISSAIRE DE SURVEILLANCE

ADMINISTRATIVE

DES CHEMINS DE FER

CONFORME

Aux derniers Règlements officiels

2e ÉDITION

IMPRIMERIE LIBRAIRIE MILITAIRE

H.C.L.

PARIS

PARIS | **LIMOGES**

11, Place St-André-des-Arts. | 46, Nouvelle route d'Aixe, 46.

IMPRIMERIE ET LIBRAIRIE MILITAIRES

Henri CHARLES-LAVAUZELLE

Editeur.

1892

GUIDE DES CANDIDATS

A L'EMPLOI DE

COMMISSAIRE DE SURVEILLANCE ADMINISTRATIVE

DES CHEMINS DE FER

GUIDE

DES

CANDIDATS

A L'EMPLOI DE

COMMISSAIRE DE SURVEILLANCE

ADMINISTRATIVE

DES CHEMINS DE FER

CONFORME

Aux derniers Règlements officiels

2ᵉ ÉDITION

PARIS	**LIMOGES**
11, Place St-André-des-Arts.	46, Nouvelle route d'Aixe, 46.

IMPRIMERIE ET LIBRAIRIE MILITAIRES

Henri CHARLES-LAVAUZELLE

Editeur.

1892

TABLE

AVANT-PROPOS

————

Désireux de donner satisfaction aux nombreuses demandes qui nous sont adressées journellement, relativement aux formalités à remplir et aux conditions exigées pour l'obtention de l'emploi de commissaire de surveillance administrative des chemins de fer, nous publions cette petite brochure, qui contient tous les renseignements nécessaires à ce sujet.

————————

GUIDE DES CANDIDATS

COMMISSAIRE DE SURVEILLANCE ADMINISTRATIVE

DES CHEMINS DE FER

Recrutement et avancement.

Les commissaires de surveillance sont répartis également en quatre classes, qui correspondent aux traitements de 1,500, 2,000, 2,500 et 3,000 francs.

L'entrée dans le cadre des commissaires de surveillance administrative ne peut avoir lieu que par la quatrième classe. Les commissaires de chacune des trois premières classes sont choisis parmi les commissaires de la classe inférieure. Aucun avancement n'est donné qu'après deux années au moins passées dans la classe inférieure.

Conditions à remplir pour être admis à postuler l'emploi.

Les candidats officiers ou anciens officiers des armées actives de terre et de mer (ou de l'armée auxiliaire retraités pour blessures) ne devront pas avoir plus de 54 ans, et les autres candidats moins de 25 ans et plus de 34 ans au 1er janvier de l'année du concours.

Cette limite d'âge est reportée à 40 ans pour les commis des ponts et chaussées comptant en cette qualité six années de services, dont trois au moins dans le contrôle de l'exploitation des chemins de fer.

Les dispositions relatives à la limite d'âge sont formelles et ne comportent aucune exception.

Formalités à remplir par le candidat.

Les demandes d'admission au concours devront être adressées au Ministre des travaux publics avant le 1er janvier de l'année du concours, terme de rigueur.

Elles seront accompagnées :

1° D'une expédition authentique de l'acte de naissance du candidat et, s'il y a lieu, d'un certificat établissant qu'il possède la qualité de Français ; 2° d'un certificat de moralité délivré par le maire du lieu de la résidence et dûment légalisé ; 3° d'une note faisant connaître les antécédents du candidat et les études auxquelles il s'est livré ; 4° de l'acte constatant qu'il a satisfait à la loi sur le recrutement ; 5° des états de services, diplômes, certificats, etc., qui auraient pu lui être délivrés, ou des copies de ces pièces dûment certifiées ; 6° d un extrait du casier judiciaire.

Les demandes d'admission au concours présentées par des militaires en activité de service devront être transmises au Ministre des travaux publics, par l'intermédiaire de leurs chefs hiérarchiques et de M. le Ministre de la guerre ou de M. le Ministre de la marine et des colonies.

Concours d'admissibilité.

Le concours pour l'admissibilité dans le corps des commissaires de surveillance administrative consiste en plusieurs épreuves écrites faites aux chefs-lieux des départements.

Nul ne peut être admis plus de deux fois à prendre part au concours.

Les compositions sont faites simultanément dans les départements et aux jours fixés par l'administration.

Les sujets des compositions sont les mêmes pour toute la France ; ils sont envoyés par l'administration au fonctionnaire chargé de présider l'examen sous enveloppes cachetées. Les enveloppes sont ouvertes en présence des candidats au moment fixé pour chaque épreuve.

Le fonctionnaire chargé de présider dresse un procès-verbal des épreuves et l'adresse immédiatement au Ministre des travaux publics avec les compositions ; le Ministre transmet ces pièces à la commission chargée de dresser la liste d'admissibilité.

Les candidats ne peuvent avoir à leur disposition, pendant la durée des compositions, ni livres, ni brochures, ni notes.

Les examens portent sur les connaissances détaillées dans le programme ci-annexé. La valeur relative assignée à chacune des parties du programme est fixée comme ci-après :

Ecriture nette et lisible ....

Orthographe ....

Réd.ction...............

Arithmétique. ....

Géographie de la France...............

Notions sur la voie...............

    —   sur le matériel...............

    —   sur l'exploitation technique.....

    —   —   commercialo ..

    —   de droit pénal...............

    —   d'instruction criminelle........

Législation des chemins de fer........

2

Afin d'arriver à une appréciation exacte
mérite relatif des candidats, il est attribué à c
cune des parties du programme une note exprit
par des chiffres qui varient de 0 à 20 et qui
respectivement les significations ci-après :

		0	néant ;
	1	2	très mal ;
3	4	5	mal ;
6	7	8	médiocrement ;
9	10	11	passablement ;
12	13	14	assez bien ;
15	16	17	bien ;
	18	19	très bien ;
		20	parfaitement.

Chacune de ces notes est multipliée par
nombres ou coefficients exprimant la valeur r
tive de la partie du programme à laquelle elle
rapporte. La somme de ces produits forme le t
. des points obtenus pour l'ensemble des épreu

Il est donné aux candidats anciens
note sur leur aptitude et leurs services

Cette note est établie d'après les
ments transmis au Ministre des trav
par le Ministre de la guerre et le Mi
marine, sur les candidats ayant ap
armées actives de terre ou de mer a
d'officier. Elle est comptée avec les not
à chacune des parties du programme
blissement du minimum général ob
312 points, mais seulement lorsqu'el
rieure à 12 (assez bien). Elle est mi
le coefficient 4.

La liste d'admissibilité est dressée
mérite, mais nul ne peut être porté s
s'il n'a obtenu :

1° Au moins la note 12 pour chac
ties du programme ci-après :

Droit pénal, instruction criminelle
des chemins de fer;

2° Au moins la note 7 pour chacu
parties du programme;

3° Au moins le nombre 312 co
totale des points calculés comme il
baut.

Les compositions sur le droit pén
tion criminelle et la législation des
fer sont éliminatoires.

Les candidats qui n'auront pas obt
minima fixés pour ces matières ne
classés.

Les candidats déclarés admissibl
du concours sont nommés suivant l'
reux de leur classement et au fur et
besoins du service.

du
ha-
ée
nt

les
la-
se
tal
es.

PROGRAMME

I — *Rédaction des procès-verbaux ou de rapports sur affaires de service.*

Cet e rédaction comprendra des questions portant sur les différentes parties du programme et sera appréciée au point de vue : 1° de l'écriture; 2° de l'orthographe ; 3° de la rédaction.

II. — *Arithmétique.*

Numération décimale. — Addition. — Soustraction. — Multiplication. — Division. — Preuves de ces opérations. — Nombres décimaux. — Fractions. — Système légal des poids et mesures.

III. — *Géographie de la France.*

Géographie physique de la France. — Frontières maritimes et continentales. — Chaînes de montagnes. — Bassins. — Fleuves. — Rivières et lacs. — Départements. — Chefs-lieux. — Villes principales. — Réseaux de chemins de fer.

IV. — *Notions sur la voie.*

Ensemble de la voie de fer. — Ballast. — Traverses. — Rails. — Changements de voie. — Plaques tournantes. — Passages à niveau. — Bifurcations.

V. — *Notions sur le matériel.*

Notions sur le matériel moteur et roulant. — Locomotives. — Tenders. — Voitures à voyageurs. — Wagons à marchandises. — Essieux. — Roues. — Châssis. — Ressorts de suspension. — Boîtes à graisse. — Plaques de garde. — Tampons. — Freins.

VI. — *Notions sur l'exploitation technique.*

Signaux fixes, détonants, à la main. — Circulation à double voie. — Circulation à voie unique. — Circulation temporaire à voie unique sur une seule ligne à double voie. — Différentes sortes de trains. — Trains express, poste, omnibus, mixtes. — Trains réguliers, facultatifs, spéciaux.

VII. — *Notions sur l'exploitation commerciale.*

Classification des tarifs. — Tarif général. — Tarif légal. — Tarifs spéciaux de grande et de petite vitesse. — Tarifs différentiels. — Tarifs d'importation, d'exportation et de transit. — Tarifs communs. — Tarifs internationaux. — Tarifs exceptionnels. — Surtaxes et frais accessoires. — Délais de transports. — Factage. — Camionnage. — Correspondance et réexpédition. — Règlement général de 1874 pour les transports militaires, revisé en 1889.

VIII. — *Notions de droit pénal.*

Du délit en général. — Définition et distinction des crimes, délits, contraventions. — Tentative et commencement d'exécution. — Des peines en matière criminelle et correctionnelle, et de leurs effets. — Notions sur la culpabilité et la non-culpabilité. — Eléments constitutifs du délit. — Circonstances aggravantes. — Excuses. — Circonstances atténuantes. — Complicité. — Connexité. — Auteurs. — Coauteurs. — Complices. — Des faux commis dans les passeports, feuilles de route et certificats. — Rébellion. — Outrages et violences contre les dépositaires de l'autorité et de la force publique. — Dégradation de monuments. — Vagabondage et mendicité. — Délits commis par la voie d'écrits, images et gravures. — Meurtres. — Menaces. — Blessures et coups volontaires ou involontaires. — Attentats aux mœurs. — Arrestations illégales. — Faux témoignages. — Calomnies. — Injures. — Vols. — Escroqueries. — Fraudes. — Abus de confiance. — Infractions commises par les expéditeurs et par les voyageurs. — Destructions. — Dégradations. — Dommages. — Peines de police. — Contraventions de 1re, 2e, 3e classes. — Dispositions communes à ces trois classes.

IX. — *Notions d'instruction criminelle.*

Action publique et action civile. — Délits commis sur le territoire et hors du territoire. — Police judiciaire. — Moyens d'information. — Procès-verbaux. — Constatations. — Instructions dans les cas ordinaires ou dans les cas de crimes ou délits flagrants. — Attributions et devoirs des commissaires de surveillance administrative considérés comme officiers de police judiciaire. — Attributions des commissaires spéciaux de police.

— Notions générales sur l'organisation et la composition des juridictions pénales.

X. — *Législation des chemins de fer.*

Loi du 15 juillet 1845 sur la police des chemins de fer. — Ordonnance du 15 novembre 1846 sur la police, la sûreté et l'exploitation des chemins de fer. — Modèle de cahier des charges d'une concession de chemin de fer. — Organisation actuelle du contrôle de l'État. — Attributions des différents fonctionnaires du contrôle.

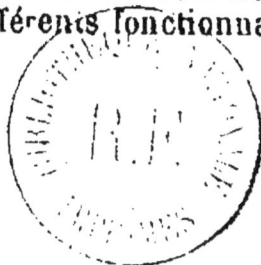

INDEX DES OUVRAGES

à consulter pour la préparation des examens imposés aux candidats à l'emploi de commissaire de surveillance administrative. (Tous ces ouvrages sont en vente à la librairie militaire Henri Charles-Lavauzelle, 11, place Saint-André-des-Arts, Paris.)

Etude sur le réseau ferré allemand au point de vue de la concentration ; ouvrage accompagné d'une carte des chemins de fer allemands. — Brochure in-8° de 32 pages........................ » 75

Règlement ministériel du 20 novembre 1889 sur l'organisation et le fonctionnement du service des étapes aux armées, avec planche hors texte. — Brochure in-8° de 128 pages............... 1 40

Livret des gîtes d'étape, publié par ordre du Ministre de la guerre et arrêté à la date du 17 novembre 1888. — Vol. in-8° de 604 p., br. 4 50

Manuel du candidat à l'emploi de commissaire de surveillance administrative des chemins de fer, par A. Laplaiche, inspecteur particulier de l'exploitation commerciale des chemins de fer, ancien commissaire de surveillance administrative. Ouvrage rédigé conformément aux programmes officiels.

Première partie : Étude des matières du programme, 5ᵉ édition refondue et mise à jour et honorée d'une souscription du ministère des travaux publics ; 100 figures dans le texte. — Volume in-12 de 848 pages, broché................................. 7 50

Relié toile 8 50

Deuxième partie : Solutions des questions posées dans les différents concours depuis 1878, 68 figures dans le texte. — Volume in 12 de 474 p., br. 6 50

Relié toile anglaise................ 7 50

Conseils à un jeune commissaire de surveillance administrative des chemins de fer, par un Ancien. — Brochure in-18 de 48 pages 1 50

EN VENTE A LA MÊME LIBRAIRIE.

Décret du 28 janvier 1892, portant règlement d'administration publique et relatif aux emplois réservés aux anciens militaires gradés comptant au moins cinq ans de services. Tableau des emplois joint au décret. — Brochure in-8° de 76 pages........................ 1 »

Guide des candidats aux emplois de commissaire de police ou d'inspecteur spécial de la police des chemins de fer, conforme aux dernières instructions ministérielles. — Fascicule in-32 de 16 pages...................... » 50

Manuel du candidat à l'emploi d'inspecteur particulier de l'exploitation commerciale des chemins de fer, par A. LAPLAICHE, inspecteur particulier de l'exploitation commerciale des chemins de fer (3e édition). Ouvrage rédigé conformément aux programmes officiels, honoré d'une souscription du ministère des travaux publics et accompagné de 100 figures dans le texte. — Volume in-12 de 1100 pages, broché............ 15 »
   Relié toile anglaise.................... 18 »

Programme des connaissances exigées des candidats proposés pour l'emploi de percepteur des contributions directes. — Br. in-8°.. » 50

Sujets de compositions écrites pour les concours d'admission pour l'emploi de percepteur des contributions directes. — Brochure in-8°. » 50

Notions générales sur le service de la perception des contributions directes et de la recette municipale et hospitalière, *Guide des candidats aux examens (sous-officiers et surnuméraires) et des débutants*, par Lucien PINELLI, sous-chef de bureau au ministère des finances, officier d'académie, et Marcel SEXÉ, licencié en droit, rédacteur au ministère des finances, officier d'académie. Ouvrage accompagné de nombreux tableaux et modèles dans le texte et hors texte. — Volume in-8° de 432 pages...................... 7 50

Manuel des candidats au surnumérariat des postes et télégraphes, avec des notes et commentaires, par Roger BARBAUD, inspecteur des postes et télégraphes, payeur principal du 18e corps, licencié en droit. — Vol. in-32 de 320 pages, rel. toile. 2 »

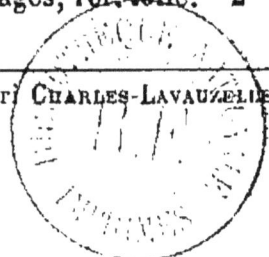

Paris et Limoges. — Imp. milit. Henri CHARLES-LAVAUZELLE.

Paris et Limoges. — Imp milit. Henri CHARLES-LAVAUZELLE.